Vom Handy zum Herd

Silke Eisterlehner

Inhalt

Kapitel 1

Tipps und Tricks

Nudelwasser als Gamechanger

Wenn du Nudelgerichte kochst, behalte am Ende immer etwas von dem Nudelwasser. Das Nudelwasser enthält viel Stärke, wodurch du Saucen ganz einfach binden kannst. Meistens kann ein wenig Nudelwasser schon Wunder bewirken.

Qualität lohnt sich

Bei Lebensmittel lohnt es sich meistens auf eine hohe Qualität zu achten. Gerade bei tierischen Produkten, Obst und Gemüse, kann es zu deutlichen Qualitätsunterschieden kommen. Empfehlenswert ist es daher bei

Obst und Gemüse auf eine Bioqualität und bei Fleisch- und Milchprodukten auf eine Weidehaltung zu achten.

Eine gute Organisation ist die halbe Miete

Durch eine gute Organisation kann man sich die Arbeit in der Küche deutlich leichter machen. Am besten startest du, indem du dir das Rezept durchliest, damit du genau weißt welche Zutaten und Utensilien du benötigst. Dann kannst du Töpfe, Pfannen, Messer und andere Utensilien bereitstellen und anschließend Zutaten wie Gemüse und co klein zu schneiden und zur Seite stellen. Stelle dann alles in die richtige Position und fange erst dann an zu kochen.

Ölkunde

Rauchpunkte von Öl

In der folgenden Tabelle kannst du ablesen, wie hoch der Rauchpunkt der gängigsten Öle ist.

Durch die verschiedenen Rauchpunkte ergeben sich verschiedene Verwendungszwecke für die Öle. Viele Menschen benutzen Olivenöl zum Braten. Dieses ist jedoch nicht geeignet, um bei hohen Temperaturen zu braten. Dafür eignet sich eher Butterschmalz,

Avocadoöl, Erdnussöl, Sonnenblumenöl oder Rapsöl. Olivenöl, vor allem Extra Virgin Olive Oil, welches als die höchste Qualitätsstufe gilt, eignet sich gut als Finishing oder als Basis für Salatdressings.

Das perfekte Ei

Welche Zubereitungsarten gibt es?

Ein Ei kann auf die unterschiedlichsten Arten zubereitet werden und jeder hat dabei seine ganz eigene Präferenz. In diesem Kapitel des Buches lernst du, welche verschiedene Zubereitungsarten von Eiern es gibt, wie man diese Zubereitet und viele weitere Informationen rund um das Thema Eier. Grundsätzlich gibt es folgende Zubereitungsarten von Eiern:

Spiegelei Rührei Omelett Pochiertes Ei Gekochtes Ei

Wie lagert man Eier am besten?

Frisch gekaufte Eier können bei Raumtemperatur gelagert werden. Die Eier müssen dann ab dem 18. Tag nach dem Legedatum in den Kühlschrank, wo Sie dann noch 10 Tage haltbar sind. Somit ist das Mindesthaltbarkeitsdatum für Eier 28 Tage nach dem Legedatum.

Wie lange sind hartgekochte Eier haltbar?

Hartgekochte Eier sind in der Regel mehrere Wochen haltbar. Dafür ist es wichtig, dass die Schale nicht beschädigt ist, sie kühl gelagert werden und sie nicht kalt abgeschreckt werden.

Worauf sollte ich beim Kauf von Eiern achten?

Wie bei allen Lebensmitteln gibt es auch bei Eiern Qualitätsunterschiede, was den Preis angeht. Im Groben kann man

zwischen Freiland- und Bodenhaltung und zwischen Bio und Nicht- Bio Eiern unterscheiden. Empfehlenswert ist es bei Eiern auf die höchste Qualität zu setzen. Bio-Freiland Eier sind daher am besten, dies macht sich aber auch am Preis bemerkbar.

Wie kann ich testen, ob mein Ei noch frisch ist?

Wenn du auf Nummer sicher gehen willst, kannst du mit einem einfachen Trick testen, ob deine Eier noch frisch sind. Dafür benötigst du lediglich ein Glas Wasser. Gib das Ei hinein und schau, ob es nach unten sinkt, oder an der Oberfläche bleibt. Wenn dein Ei am Boden bleibt, ist es in der Regel noch gut.

Der Klassiker: Spiegelei

Du brauchst:

2 Eier

1TL Butter 1 Prise Salz

Zubereitung:

1. Stelle die Pfanne auf Stufe 7/9 und lasse die Butter darin schmelzen.

2. Nun schlägst du die Eier in die Pfanne und lässt sie kurz stocken.

3. Jetzt mit der Temperatur runter gehen (4/9) und den Deckel auf die Pfanne geben.

4. Nach circa 3-4 Minuten ist das Ei fertig. Mit einer Prise Salz würzen.

Das perfekte Rührei

Du brauchst:

2 Eier

1TL Butter

1. Prise Salz, etwas Pfeffer 2EL Milch

Etwas Schnittlauch

Zubereitung:

1. Schlage als erstes die Eier auf und verquirle sie dann mit Milch, Salz und Pfeffer.

2. Gib nun die Butter in die Pfanne und lasse diese bei mittlerer Temperatur (6/9) flüssig werden. Gib anschließend die Eimischung dazu.

3. Jetzt schiebst du das Ei immer wieder in die Mitte, sobald es stockt. Diesen Prozess wiederholst du, bis die Eimischung fertig gestockt ist. Danach Schnittlauch draufgeben.

Tipp: Lasse das Ei nicht zu lange in der Pfanne, da es auf dem Teller noch weitergart.

Omelett

Du brauchst:

1. Eier

1TL Butter

1. Prise Salz, etwas Pfeffer 2EL Milch

Zubereitung:

1. Schlage als erstes die Eier auf und verquirle sie

dann mit Milch, Salz und Pfeffer.

2. Gib nun die Butter in die Pfanne und lasse diese bei mittlerer Temperatur (6/9) flüssig werden. Gib anschließend die Eimischung dazu.

3. Jetzt kannst du die Pfanne etwas schwenken, um die Eimischung zu verteilen. Sobald das Ei gestockt ist, mit einem Pfannenwender die Hälfte einschlagen.

Gekochtes Ei

Du brauchst:

1. Eier

1-2l Wasser

Zubereitung:

1. Gib als erstes das Wasser in einen Topf und lasse es aufkochen.

1. Jetzt kannst du die Eier in den Topf geben und die Eier bei mittlerer Temperatur entsprechend deines gewünschten Gargrades kochen.

2. Die meisten Menschen bevorzugen zwischen 5

und 7 Minuten.

Die Königsdisziplin:

das perfekte pochierte Ei

Du brauchst:

1 Eier

1l Wasser

2-3EL weißen Essig Eine Prise Salz

Das pochierte Ei gilt als die Königsdisziplin des Eierkochens. Im Prinzip ist ein pochiertes Ei nichts anderes als ein Ei, das ohne Schale in Essigwasser gekocht wird. Der Vorteil ist simpel: das Ei muss anschließend nicht geschält werden und viele Leute lieben die Konsistenz eines pochierten Eies. Das pochierte Ei eignet sich ideal, um es beispielsweise auf einem Avocado Toast zu essen.

Zubereitung:

1. Gib als erstes das Wasser in einen Topf und lasse es aufkochen.

2. Sobald das Wasser kocht, kannst du den Essig

dazugeben.

3. Nimm nun Tasse und schlage das Ei darin auf.

4. Jetzt kommt der schwierige Part: sobald das Wasser kocht, kannst du die Temperatur runter drehen und mit einem Löffel das Wasser um-rühren. Das Ziel liegt hierbei darin, einen Strudel im Wasser zu erzeugen. Sobald der Strudel im Wasser ist, kannst du das Ei vorsichtig in den Strudel geben.

5. Wenn das Ei im Wasser ist, muss der Rührprozess schleunigst unterbrochen werden.

6. Das Ei muss nun für circa 3-4 Minuten kochen.

7. Nach dieser Zeit kannst du das Ei aus dem Topf holen und mit etwas Salz würzen.

Wie sehen die verschiedenen Arten der Zubereitung aus.

Kapitel 2

S alatkunde

  Worauf kommt es bei einem guten Salatdressing an?

Beim Zubereiten von Salatdressings ist vor allem eine Sache entscheidend: die Emulgation. Um diese zu erreichen, werden in der Regel bestimmte Zutaten verwendet, die fördernd sind für eine Emulgation. Diese Zutaten können beispielsweise ein Eigelb oder etwas Senf sein. Bei Salatdressings wird meistens eine Emulgation von Öl und Essig benötigt, da diese beiden Zutaten sich normalerweise nicht verbinden.

Was dient als Basis für ein Dressing?

Für die meisten Dressings wird eine Vinaigrette als Basis verwendet. Eine klassische Vinaigrette ist nichts anderes als ein Gemisch aus Säure und Öl und etwas Gewürzen. Als Säure dienen in der Regel Zitronensaft oder Essig und als Öl können alle möglichen Öle, wie beispielsweise Olivenöl oder Rapsöl, verwendet werden. Für eher cremige Salatdressings werden in der Regel jedoch andere Zutaten als Basis verwendet. So nutzt man meistens einen milden Naturjoghurt als Basis für leichte Salatdressings, Mayonnaise für deftige, Pesto für würzige und Tahini für nussige Salatdressings.

Worauf sollte ich bei einer Vinaigrette zusätzlich achten?

Bei einer Vinaigrette ist es vor allem wichtig, in welchem Verhältnis man Öl und Säure zusammenmischt und welche Säure man mit welchem Öl mischt. Olivenöl gilt als sehr beliebtes Öl für Salatdressings, dieses ist jedoch relativ stark im Geschmack und somit bietet sich eine eher milde Säure an, um eine Vinaigrette herzustellen. So passt Olivenöl mit einem milden Weißweinessig und neutrales Rapsöl eher mit einem kräftigen Balsamicoessig. Was das Mischverhältnis angeht, kann man sich auf folgende Faustregel verlassen: 3 Teile Öl auf 1 Teil Säure. So wird deine Vinaigrette weder zu sauer noch zu ölig. Um eine gute Emulgation zu erzeugen, empfiehlt es sich außerdem zuerst etwas Salz zum Essig zu geben und diesen mit einem Schneebesen aufzulösen. Erst im Anschluss wird das Öl langsam, unter ständigem Umrühren, dazugegeben, um so eine bessere Emulgation zu erreichen

HIMBEER-BALSAMICODRESSING

Zutaten:

5EL Rapsöl

1EL Balsamicoessig 1EL Himbeeressig 1TL Senf (mittelscharf) 1TL Honig

100g Himbeeren Salz, Pfeffer

Zubereitung:

1. Als erstes gibst du Essig und eine Prise Salz in eine Schüssel und rührst mit dem Schneebesen so lange, bis das Salz sich aufgelöst hat.

2. Dann gibst du unter ständigem Rühren das Öl hinzu und bindest anschließend mit Senf ab.

3. Jetzt pürierst du die Himbeeren und gibst sie zum Dressing dazu und schmeckst mit Pfeffer und

Honig ab.

HONIG-SENF DRESSING

Zutaten:

1EL Honig 1EL Senf

1EL Weißweinessig 3EL Olivenöl

Salz, Pfeffer

Zubereitung:

1. Als erstes gibst du Essig und eine Prise Salz in eine Schüssel und rührst mit dem Schneebesen so lange, bis das Salz sich aufgelöst hat.

2. Dann gibst du unter ständigem Rühren das Öl hinzu und bindest anschließend mit Senf und Honig ab.

3. Jetzt mit Pfeffer abschmecken.

MANGO-ZITRONEN DRESSING

Zutaten:

1 Mango

1 Zitrone 1TL Senf

1EL Sonnenblumenöl 1TL Reisweinessig Salz, Pfeffer

Zubereitung:

1. Schäle als erstes die Mango und püriere sie dann mit dem Saft einer Zitrone, Senf, Öl und Essig.

2. Anschließend noch mit Salz und Pfeffer abschmecken.

ASIA-STYLE DRESSING

Zutaten:

2EL Sonnenblumenöl 20ml Sojasauce

½ Knoblauchzehe 1TL Sesamöl

1. Frühlingszwiebel Etwas Chili

Salz, Pfeffer

Zubereitung:

1. Schmore als erstes in Scheiben geschnittenen Knoblauch und etwas Chili im Öl für einige Minuten.

2. Lasse das Ganze dann abkühlen

3. Mische es mit den restlichen Zutaten.

Den perfekten Salat mischen

Die oben genannten Dressings können genutzt werden, um die eigene Salatkreation zu toppen. In der Regel kannst du ganz einfach verschiedene Zutaten miteinander kombinieren, um so deinen Salat zu mischen und diesen dann mit dem Dressing deiner Wahl zu toppen.

Als Basis für deinen Salat kannst du verschiedene Salatsorten wählen. Dafür kannst du beispielsweise einen der folgenden Salate wählen oder mehrere Salate kombinieren:

Blattsalat, Rucola, Feldsalat, Romanasalat, Eisbergsalat, Baby- Blattspinat, Eichblattsalat oder Lollo Rosso

Als Topping kannst du beispielsweise eine der folgenden Zutaten wählen:

Tomaten, Gurken, Paprika, Oliven, Nüsse, Pilze, Avocado oder rote Beete

Du kannst aber genauso gut auch Obst benutzen, um deine Salate zu toppen. Oft werden Beeren in Salaten benutzt. Ein beliebtes Beispiel hierfür ist ein Salat mit Baby-Blattspinat, Erdbeeren und Ziegenkäse.

Viele Leute mögen es auch eine Proteinquelle zu ihrem Salat hinzuzufügen, wodurch der Salat auch als Hauptspeise serviert werden kann. Dafür können beispielsweise folgende Zutaten verwendet werden:

Hähnchen, Lachs, Rinderfiletspitzen, Fetakäse, Tofu, oder Tempeh

Anschließend kannst du als Dressing beispielsweise eines der obengenannten benutzen oder ganz einfach dein eigenes Dressing kreieren.

Kapitel 3

WÜRZIGE GUACAMOLE

Portionen: 2Zubereitung: 15 minGesamtzeit: 15 min

Kcal: 377Eiweiß: 7,08gFett: 29,97gKohlenhydrate: 18,25g

Zutaten:

1. Avocados

½ Zitrone

2 Knoblauchzehen 2EL Naturjoghurt 2 Tomaten

Nach Bedarf: ½ Chili Salz, Pfeffer

Zubereitung:

1. Halbiere als erstes die Avocados, entferne dann den Kern und nimm anschließend einen Löffel, um das Fruchtfleisch zu entfernen.

2. Presse den Saft einer halben Zitrone dazu und nimm eine Gabel und zermatsche das Fruchtfleisch zu einer cremigen Masse.

3. Hacke nun die Tomaten und die Chili sehr fein und gib diese mit dem Naturjoghurt dazu.

4. Presse zu guter Letzt den Knoblauch hinzu, schmecke mit Salz und Pfeffer ab und rühr das Ganze zusammen.

HAFERBREI (PORRIDGE)

Portionen: 2Zubereitung: 5 min Gesamtzeit:

15 min

Kcal: 199Eiweiß: 8,8gFett: 6,48gKohlenhydrate: 24,95g

Zutaten:

65g Haferflocken 250ml Milch Eine Prise Salz

Zubereitung:

1. Gib alle Zutaten in einen Topf.

2. Nun musst du das Ganze bei ständigem um-rühren für 3-4 Minuten erhitzen, bis ein Brei entsteht.

3. Das Porridge kann mit allen möglichen Zutaten getoppt werden.

4. Empfehlenswert ist es, ein paar Blaubeeren, eine in Scheiben geschnittene Banane und ein paar Mandeln auf das Porridge zu geben.

JOGHURT MIT OBST UND HAFERFLOCKEN

Portionen: 2Zubereitung: 5 minGesamtzeit:

10 min

Kcal: 205Eiweiß: 8,5gFett: 2,77gKohlenhydrate: 32,8g

Zutaten:

150g Joghurt 1 Kiwi

1 Banane

½ Mango

3EL Haferflocken 1 Möhre

½ Zitrone

Zubereitung:

1. Schäle als erstes Kiwi, Banane und Mandarine.

2. Dann schneidest du das Obst in Würfel.

3. Gib den Joghurt in eine Schüssel und presse den Saft einer halben Zitrone hinein und vermenge das Ganze gut.

4. Nun kannst du den Joghurt mit dem Obst und den Haferflocken toppen.

BEERIGES QUINIOA- PORRIDGE

Portionen: 2Zubereitung: 5 min Gesamtzeit:

30 min

Kcal: 186Eiweiß: 6,2gFett: 3,1gKohlenhydrate: 32,97g

Zutaten:

100g Quinoa 200ml Wasser

200ml vegane Milch 1TL Agavendicksaft

1 Hand voll Himbeeren 1 Hand voll Blaubeeren 1 Hand voll Erdbeeren 2EL Sojajoghurt

Eine Prise Zimt

Zubereitung:

1. Gib als erstes den Quinoa mit dem Wasser und der Milch in einen Topf und bringe das Ganze zum Kochen.

2. Dann den Deckel auf den Topf geben und das Ganze bei niedriger Temperatur für circa 25 Minuten köcheln lassen.

3. Am Ende der Garzeit kannst du das Porridge mit etwas Zimt und Agavendicksaft würzen.

4. Gib das Porridge in eine Schüssel und garniere es mit den Beeren und etwas Joghurt.

CREMIGER CHIAPUDDING

Portionen: 2Zubereitung: 30 minGesamtzeit: 2h

Kcal: 235Eiweiß: 9,5gFett: 14.5gKohlenhydrate: 8g

Zutaten:

60g Chiasamen 500ml Mandelmilch 120g Himbeeren 2TL Chiasamen

1 Hand voll Beeren

Zubereitung:

1. Als erstes musst du die Chiasamen mit einem Schneebesen in die Milch einrühren.

2. Dann kommt der Chiapudding für mindestens 30-60 Minuten in den Kühlschrank. Besser ist jedoch über Nacht.

3. Für das Topping die Himbeeren im Mixer pürieren und dann mit den restlichen Chiasamen vermengen und dann wieder mindestens 30-60 Minuten in den Kühlschrank, besser jedoch über Nacht.

4. Dann kannst du den Chiapudding servieren und ihn mit dem Himbeerpüree und ein paar Beeren toppen.

HOMEMADE GRANOLA

Portionen: 4Zubereitung: 5 min Gesamtzeit:

30 min

Kcal: 698Eiweiß: 41,75gFett: 3,1gKohlenhydrate: 54,75g

Zutaten:

200g Haferflocken 75g Mandeln

50g Kokosraspeln

50g Sonnenblumenkerne 50g Kürbiskerne

100g getrocknetes Obst 3EL Honig

4EL Butter

1. Vanille (Mark) Eine Prise Zimt

Zubereitung:

1. Schneide als erstes die Trockenfrüchte klein und vermische Sie mit den Haferflocken, Sesam, Mandeln, Kokosraspeln, Sonnenblumenkernen und Honig.

2. Lass nun die Butter in einem Topf flüssig werden und gib diese dann dazu.

3. Nimm ein Messer und hol das Mark aus der Vanilleschote und gib dieses ebenfalls zur Masse dazu und schmecke mit einer Prise Zimt ab.

4. Jetzt musst du die Masse auf ein Backblech streichen und bei 160°C Ober/Unterhitze für 20-25 Minuten in den Ofen geben.

PIKANTE SALSA

Portionen: 2Zubereitung: 10 minGesamtzeit: 30 min

Kcal: 156Eiweiß: 5gFett: 12gKohlenhydrate: 8g

Zutaten:

300g Tomaten

1. Knoblauchzehen

1 rote Zwiebel

1. Chili

25ml Olivenöl 25ml Apfelessig 1 Limette

Gewürze: geräucherte Paprika, Kreuzkümmel Salz, Pfeffer

Zubereitung:

1. Schneide als erstes die Tomaten, die Zwiebel und den Knoblauch in feine Würfel. Anschließend die Chili in feine Ringe schneiden.

2. Nun die Hälfte des Olivenöls in einem Topf erhitzen und die Tomaten für einige Minuten anrösten.

3. Danach das restliche Öl, Chili, Knoblauch und die

Zwiebelwürfel dazugeben.

4. Nun den Essig und den Saft einer Limette dazugeben und das Ganze bei geschlossenem Deckel für 10 Minuten köcheln lassen.

5. Nun mit Salz, Pfeffer, geräucherter Paprika und Kreuzkümmel abschmecken.

AVOCADO TOAST

Portionen: 2Zubereitung: 5 min Gesamtzeit:

15 min

Kcal: 483Eiweiß: 18,54gFett: 27,49gKohlenhydrate: 37,12g

Zutaten:

1. Scheiben Brot (idealerweise ein leckeres Sauerteigbrot) Guacamole (Rezept Seite x)

2. Hand voll Cherrytomaten 80g Fetakäse

Optional: Schwarzer Sesam

Zubereitung:

1. Nimm als erstes die beiden Scheiben Brot und

tröpfle etwas Olivenöl auf beide Seiten. Röste das Brot anschließend für einige Minuten in einer Pfanne.

2. Bestreiche nun beide Scheiben mit ordentlich Guacamole. Das Rezept für die Guacamole findest du auf Seite x.

3. Salze und halbiere die Cherrytomaten und gib diese mit gebröckeltem Fetakäse auf das Brot.

4. Optional kannst du das Brot noch mit etwas schwarzem Sesam toppen.

LECKERE PANCAKES

Portionen: 2Zubereitung: 10 minGesamtzeit: 20 min

Kcal: 710Eiweiß: 22,7gFett: 10,5gKohlenhydrate: 132g

Zutaten:

250g Weizenmehl (Type 405) 3EL Zucker

2TL Backpulver 1 Prise Salz 200ml Milch

1. Eier

1 Hand voll Beeren Ahornsirup

Zubereitung:

1. Als erstes vermischst du Mehl, Zucker, Backpulver und eine Prise Salz.

2. Dann gibst du Milch und Eier dazu und vermischst das Ganze zu einem Teig.

3. Nun gibst du etwas Öl in die Pfanne und brätst die Pancakes bei mittlerer Temperatur für 4 Minuten (2 Minuten pro Seite).

4. Dafür gibst du circa 2EL vom Pancake-Teig in die Pfanne (Durchmesser circa 10cm).

5. Um die Pancakes zu servieren kannst du sie stapeln und mit Ahornsirup und ein paar Beeren toppen.

FRÜHSTÜCKS WAFFELN

Portionen: 2Zubereitung: 5 min Gesamtzeit:

30 min

Kcal: 507Eiweiß: 17gFett: 9gKohlenhydrate: 84g

Zutaten:

3 reife Bananen

3 Eier

75g Weizenmehl (Type 405) 1EL Haferflocken

½ Packung Backpulver

1 Hand voll Erdbeeren und Blaubeeren Honig

Zubereitung:

1. Zermatsche als erstes die Bananen und mische sie dann mit den Eiern, Mehl, Haferflocken und Backpulver zu einem Teig.

2. Heize dann das Waffeleisen vor und fette es ein.

3. Dann gibst du eine Kelle von dem Teig in das Waffeleisen und lässt die Waffeln circa 3-3 ½ Minuten backen.

4. Die Waffeln kannst du das mit den Beeren und etwas Honig garnieren.

KÖSTLICHER HUMMUS

Portionen: 2Zubereitung: 10 minGesamtzeit: 10 min

Kcal: 597Eiweiß: 18gFett: 45,5gKohlenhydrate: 24,5g

Zutaten:

1. Dose Kichererbsen 150ml Wasser

100g Tahini 1 Zitrone

1. Knoblauchzehen Olivenöl Kreuzkümmelpulver Salz

Pfeffer

Zubereitung:

1. Als erstes musst du das Wasser der Kichererbsen abgießen.

2. Nun gibst du den Saft der Zitrone, die Knoblauchzehen, Tahini, Kichererbsen und 2EL Olivenöl in einen Mixer.

3. Gieße während des Mixens das Wasser hinzu und mixe das Ganze zu einer cremigen Masse.

4. Am Ende kannst du den Hummus mit Kreuzküm-mel, Salz und Pfeffer abschmecken.

BANANEN PANCAKES

Portionen: 3Zubereitung: 10 minGesamtzeit: 20 min

Kcal: 566Eiweiß: 18,33gFett: 9gKohlenhydrate: 97,33g

Zutaten:

1. reife Bananen

3 Eier 240g Mehl

240ml Milch

1 Packung Vanillezucker 1EL Honig

Zubereitung:

1. Vermische als erstes alle Zutaten zu einem Teig.

2. Nun gibst du etwas Öl in die Pfanne und brätst die Pancakes bei mittlerer Temperatur für 4 Minuten (2 Minuten pro Seite).

3. Dafür gibst du circa 2EL vom Pancake-Teig in die Pfanne (Durchmesser circa 10cm).

4. Die Pancakes kannst du mit etwas Schokoladen-creme und frischen Bananen toppen.

LACHS OMELETTE

Portionen: 2Zubereitung: 20 minGesamtzeit: 20 min

Kcal: 263Eiweiß: 24,5gFett: 16gKohlenhydrate: 5g

Zutaten:

150g Cherrytomaten 50g Spinat

5 Scheiben Räucherlachs

1 Schalotte

4 Eier

2 EL Milch Salz, Pfeffer

Zubereitung:

1. Verquirle zunächst die Eier und die Milch miteinander und würze mit Salz und Pfeffer.

2. Wasche den Blattspinat, halbiere die Cherrytomaten und schneide die Schalotte in feine Ringe.

3. Gib das Ei nun in eine vorgewärmte Pfanne und lasse es mit geschlossenem Deckel etwa 3-5 Minuten braten bis der Boden fest wird. Nun wird es Zeit das Omelette vorsichtig zu wenden.

4. Gib nun die Tomaten, den Spinat und die Schalotten auf eine Hälfte des Omeletts.

5. Verteile zum Schluss den Lachs und klappe das Omelette vorsichtig zu.

KARTOFFEL RÖSTI MIT EI

Portionen: 4Zubereitung: 40 minGesamtzeit: 50 min

Kcal: 253Eiweiß: 11,5gFett: 5,25gKohlenhydrate: 37,25g

Zutaten:

1 kg Kartoffeln

4 Eier

2 EL Schnittlauch (frisch) Salz, Pfeffer

Zubereitung:

1. Schäle die Kartoffeln und koche sie etwa 15 Minuten in Salzwasser.

2. Lasse sie anschließend gut auskühlen. Besten Falls über Nacht.

3. Reibe nun die Kartoffeln und würze sie mit Salz und Pfeffer.

4. Gib die Kartoffeln in eine Pfanne und drücke sie zu einem festen Rösti zusammen. Brate den Rösti etwa 10 Minuten von beiden Seiten.

5. Heize den Backofen auf 180 Grad vor.

6. Drücke nun 4 Mulden in den Rösti und schlage

die

7. Gib das ganze anschließend für etwa 10 Minuten in den Ofen, bis die Eier gar sind.

8. Verteile zum Schluss den frischen Schnittlauch auf dem fertigen Rösti.

RAGÙ ALLA BOLOGNESE

Portionen: 4Zubereitung: 30 minGesamtzeit: 2h

Kcal: 256Eiweiß: 30gFett: 10,75gKohlenhydrate: 10,5g

Zutaten:

500g Rinderhack 1 große Zwiebel

2 Möhren

2 Selleriestangen Wasser

30g Tomatenmark 50ml Vollmilch

1 Knoblauchzehe

1 Glas Gemüsebrühe 15ml Öl zum Braten

Zubereitung:

1. Schneide als erstes die Zwiebel, Möhren und Sellerie in feine Würfel.

2. Schwitze das Ganze bei hoher Hitze für einige Minuten an, bis das Gemüse glasig wird.

3. Gib nach circa 5 Minuten das Hackfleisch hinzu und brate es so lange an, bis es braun wird. Würze mit Salz und Pfeffer.

4. Nun gibst du gehackten Knoblauch und das Tomatenmark hinzu und brätst es für weitere 2 Minuten mit an.

5. Gib anschließend die Gemüsebrühe hinzu.

6. Nach 2 Stunden Köcheln auf niedriger Hitze, kannst du die Milch hinzugeben und das Ragù ist fertig. Bei Bedarf Wasser

nachgeben.

1. Das Ragù kann mit Pasta serviert werden.

WEEKDAY SAUCE

Portionen: 4Zubereitung: 10 minGesamtzeit: 40 min

Kcal: 221Eiweiß: 7,25gFett: 17,25gKohlenhydrate: 7,25g

Zutaten:

750g geschälte Tomaten in der Dose 1 Hand voll Basilikum mit Strunk 60ml Olivenöl

50g Parmesan

4 Knoblauchzehen

Zubereitung:

1. Gib als erstes das Olivenöl in die Pfanne.

2. Schneide nun den Knoblauch in feine Scheiben und brate ihn dann zusammen mit dem Basilikum bei mittlerer Hitze (4/9) für 3- 4 Minuten.

3. Dann entfernst du den Basilikum aus der Pfanne und gibst die geschälten Tomaten dazu.

4. Würze das Ganze mit etwas Salz und Pfeffer und lass es dann für circa 20 Minuten bei niedriger Hitze köcheln (2/9).

5. Nach dieser Zeit kannst du dann die Tomaten mit einem Kochlöffel zerkleinern, bis du deine gewünschte Konsistenz erreichst.

6. Gib den Parmesan hinzu und rühre die Sauce um.

7. Die sogenannte Weekday Sauce kannst du mit Nudeln servieren

HÄHNCHEN GEMÜSE PFANNE

Portionen: 2Zubereitung: 40 minGesamtzeit: 40 min

Kcal: 385Eiweiß: 26gFett: 12gKohlenhydrate: 34g

Zutaten:

3 Paprikaschoten 270g Kartoffeln

170g Hähnchenbrust 2 EL Öl

Knoblauchgranulat Paprikapulver Zucker

Chilipulver Oregano

Salz und Pfeffer

Zubereitung:

1. Heize zunächst den Backofen auf 200 Grad vor.

2. Schneide die Kartoffeln in Scheiben und die Paprika in Würfel.

3. Vermenge nun das Öl mit den Gewürzen.

4. Schneide die Hähnchenbrust in mundgerechte

Stücke.

5. Gib nun alles Zutaten auf ein Backblech und vermenge sie gut mit der Marinade.

6. Gib das Backblech für etwa 30 Minuten in den Ofen. Nach der Hälfte der Zeit solltest du die Zutaten alle einmal wenden.

BAUERN TOPF

Portionen: 4Zubereitung: 15 minGesamtzeit: 45 min

Kcal: 296Eiweiß: 27,75gFett: 6,25gKohlenhydrate: 32,75g

Zutaten:

600g Kartoffeln 400g Rinderhack 2 rote Paprika

1. Zwiebel

2. Knoblauchzehen 2EL Tomatenmark 400ml Gemüsebrühe

Gewürze: 1EL Paprika (edelsüß), 1TL Cayennepfeffer, Salz und Pfeffer

Zubereitung:

1. Brate als erstes das Hackfleisch mit etwas Öl in einem Topf an, bis es krümelig ist.

2. Hacke Zwiebel und Knoblauch klein und gib es anschließend mit in den Topf.

3. Nun gibst du das Tomatenmark mit in den Topf und lässt das Ganze für 2 weitere Minuten braten.

4. In der Zwischenzeit kannst du die Kartoffeln waschen, schälen und in Würfel schneiden. Die Paprika ebenfalls kleinschneiden.

5. Jetzt kommt die Gemüsebrühe mit den Kartoffeln und der Paprika in den Topf.

6. Du kannst nun den Deckel auf den Topf geben und den Bauerntopf für circa 30 Minuten bei niedriger Hitze (3/9) köcheln lassen.

Kapitel 4

OFEN HÄHNCHEN

Portionen: 2Zubereitung: 10 minGesamtzeit: 35 min

Kcal: 367Eiweiß: 62gFett: 12gKohlenhydrate: 5g

Zutaten:

2x Hähnchenbrustfilets (250g pro Filet) 300ml Gemüse-brühe

2 Zwiebeln

Gewürze: Chili, Paprikapulver (edelsüß), Salz, Pfeffer Öl

Zubereitung:

1. Wasche als erstes die Hähnchenbrustfilets, tupfe

sie trocken und würze sie von allen Seiten mit den Gewürzen.

2. Gib nun etwas Öl in eine Pfanne und brate die Filets von allen Seiten kurz scharf an.

3. Schneide die Zwiebeln in Ringe und gib diese dann in eine Auflaufform.

4. Gieße die Gemüsebrühe in die Auflaufform und gib anschließend die Filets auf die Zwiebeln.

5. Die Auflaufform kommt nun bei 200 Grad Ober/Unterhitze für 15- 20 Minuten in den Back- ofen.

6. Wichtig ist, dass das Hähnchen von innen nicht mehr rosa ist.

ZITRONEN PASTA

Portionen: 2Zubereitung: 10 minGesamtzeit: 15 min

Kcal: 799Eiweiß: 6,2gFett: 42,5gKohlenhydrate: 76g

Zutaten:

200g Tagliatelle 150ml Sahne 60g Parmesan

½ Zitrone

1 Bund Basilikum 25g Pinienkerne 1EL Butter

Zubereitung:

1. Gib als erstes die Butter bei mittlerer Hitze (5/9) mit dem Saft und dem Abrieb der Zitrone in eine Pfanne und lasse das Ganze für

2-3 Minuten vor sich her köcheln.

1. Reibe den Parmesan und gib die Hälfte mit gehacktem Basilikum und der Sahne in die Pfanne.

2. Schmecke mit Salz und Pfeffer ab, drehe die Temperatur runter (Stufe 2/9) und lasse die Sauce köcheln.

3. In der Zwischenzeit kannst du die Nudeln kochen.

4. Wenn die Nudeln fertig sind, kannst du das Wasser abgießen und die Nudeln mit etwas Nudelwasser in die Sauce geben und vermengen.

5. Serviere die Pasta mit dem restlichen Parmesan.

MEDITERRANE NUDELPFANNE

Portionen: 4Zubereitung: 150 minGesamtzeit: 20 min

Kcal: 475Eiweiß: 15gFett: 35gKohlenhydrate: 34,25g

Zutaten:

500g Nudeln

350g Kirschtomaten 2 Knoblauchzehen

200g schwarze Oliven 200g Fetakäse Olivenöl

1. Handvoll Basilikum Salz

Pfeffer

Zubereitung:

1. Gib die Nudeln in kochendes, gesalzenes Wasser.

2. Halbiere nun die Kirschtomaten und die Oliven und schneide den Fetakäse in Würfel.

3. Hacke das Basilikum fein.

4. Gieße nun die noch leicht bissfesten Nudeln ab und geben die Tomaten, die Oliven und den Käse hinzu.

5. Vermenge das Ganze mit 2-3 EL Olivenöl.

6. Gib nun noch den gehackten Knoblauch hinzu und würze mit Salz und Pfeffer.

JOGHURT-HACK PASTA

Portionen: 2Zubereitung: 10 minGesamtzeit: 30 min

Kcal: 947Eiweiß: 46,5gFett: 39,7gKohlenhydrate: 99,5g

Zutaten:

250g Rinderhack oder Lammhack 250g Nudeln (Fusili)

250g Naturjoghurt 2 Knoblauchzehen

1. Tomaten

1 kleine Zwiebel

1. Glas Gemüsebrühe

Gewürze: Paprikapulver, Salz, Pfeffer

Zubereitung:

1. Schneide als erstes die Zwiebel in feine Würfel und brate diese mit dem Hackfleisch und etwas Öl in der Pfanne an.

2. Hacke dann die Tomaten in feine Würfel und gib diese in die Pfanne, wenn das Fleisch braun gebraten ist.

3. Würze die Fleischsauce mit Salz und Pfeffer.

4. Koche die Nudeln nach Packungsanleitung.

5. In der Zwischenzeit kannst du die Knoblauchzehe fein reiben und mit dem Joghurt vermischen.

6. Wenn die Nudeln fertiggekocht sind, kannst du diese mit dem Joghurt vermischen und die Hackfleischsauce draufgeben.

7. Bei Bedarf kannst du noch etwas Fetakäse oder feingehackte Petersilie mit auf die Nudeln geben.

LECKERE BURRITOS

Portionen: 2Zubereitung: 20 minGesamtzeit: 30 min

Kcal: 689Eiweiß: 40,54gFett: 36,49gKohlenhydrate: 50,07g

Zutaten:

175g Rinderhack 2 Tortilla Wraps 70g Cheddarkäse

60g Creme Fraiche 1 kleine Paprika

Guacamole (½ Portion) 1 kleine Zwiebel

2EL Tomatenmark 60ml Wasser

Gewürze: Salz, Pfeffer, Paprikapulver und Kreuzküm-melpulver

Zubereitung:

1. Schneide als erstes die Zwiebel und Paprika in feine Würfel.

2. Brate nun das Hackfleisch in einer Pfanne krümelig und gib dann gehackten Knoblauch, Zwiebel, Paprika und Tomatenmark dazu.

3. Nach 2/3 Minuten kannst du das Ganze mit Wasser ablöschen und mit Salz, Pfeffer, Paprikapulver und Kreuzkümmel würzen. Lasse die Sauce nun für 10 Minuten auf niedriger Temperatur köcheln.

4. Nimm nun die Wraps und gib Creme Fraiche drauf. Anschließend gibst du das Fleisch, etwas Guacamole (Rezept Seite 19) und Cheddarkäse auf die Wraps und rollst sie zu.

5. Nun kannst du die Wraps bei 200°C Ober/Unter-hitze für circa 5- 10 Minuten in den Ofen geben.

SCHUPF-NUDELN SPINAT

Portionen: 2Zubereitung: 10 minGesamtzeit: 30 min

Kcal: 551Eiweiß: 15,5gFett: 17,5gKohlenhydrate: 80g

Zutaten:

500g Schupfnudeln (pfannenfertig) 100g Frischkäse

100g Spinat

1. Knoblauchzehen 60m Cremefine 100ml Milch

Zubereitung:

1. Schneide als erstes die Zwiebeln und den Knoblauch in feine Würfel.

2. Brate die Zwiebel und den Knoblauch kurz mit etwas Öl scharf an und gib anschließend die Schupfnudeln dazu.

3. Nach circa 5 Minuten kannst du die Hitze run-terstellen und Frischkäse, Cremefine und Milch dazugeben.

4. Das Ganze kannst du nun für einige Minuten um-
rühren, bis eine cremige Sauce entstanden ist.

5. Am Ende kannst du den Spinat mit unterrühren
und mit Salz und Pfeffer abschmecken.

6. Optional kannst du die Nudeln auch mit etwas
geriebenem Parmesan genießen.

PASTA MIT GEMÜSE UND PUTE

Portionen: 2Zubereitung: 20 minGesamtzeit: 20 min

Kcal: 490Eiweiß: 41,5gFett: 21,5gKohlenhydrate: 33g

Zutaten:

200g Pasta 2 Karotten

250g Putenbrust 1 EL Öl

1 Schalotte 100g TK-Erbsen 100g Brokkoli 100g
Frischkäse

200ml Gemüsebrühe 2 TL Petersilie

Salz und Pfeffer

Zubereitung:

1. Gib zunächst die Nudeln in kochendes Salzwass-

er.

2. Während die Nudeln kochen, schneidest du die Schalotte in feine Würfel und die Putenbrust in mundgerechte Stücke.

3. Gib nun das Fleisch mit etwas Öl in eine Pfanne und brate es durch. Anschließend nimmst du das Fleisch heraus und brätst die Schalotten in dem Fett an.

4. Teile den Brokkoli in Rösschen und schneide die geschälten Karotten in Scheiben.

5. Gib das Gemüse zu den Zwiebeln in die Pfanne und lösche das Ganze mit der Gemüsebrühe ab. Lasse das Gemüse nun etwa

10 Minuten in der Brühe köcheln.

1. Füge nun den Frischkäse hinzu und würze die Sauce mit Salz, Pfeffer und gehackter Petersilie.

2. Zum Schluss gibst du die Pasta und das Fleisch hinzu und vermengst alles miteinander.

ROSMARIN KARTOFFELN

Portionen: 2Zubereitung: 10 minGesamtzeit: 25 min

Kcal: 280Eiweiß: 4gFett: 15,5gKohlenhydrate: 29,5g

Zutaten:

400g Kartoffeln 1EL Olivenöl 1EL Butter

2 Zweige Rosmarin

2 Zweige Thymian

Gewürze: Salz, Pfeffer, Paprikapulver 1 Knoblauchzehe

Zubereitung:

1. Als erstes musst du die Kartoffeln gründlich waschen und vierteln. Rosmarin und Thymian kleinhacken.

2. Jetzt kannst du die Kartoffeln mit dem Olivenöl, den Gewürzen und den Kräutern in eine Auflaufform geben.

3. Die Kartoffeln kommen nun bei 200°C Ober/Unterhitze für circa 20 Minuten in den Ofen. Anzumerken ist jedoch, dass die Größe der Kartoffeln die Garzeit beeinflussen.

4. 2-3 Minuten vor Ende der Garzeit gibst du die

Butter dazu und presst den Knoblauch in die Auflaufform.

5. Mische das Ganze gut durch und lasse die Kartoffeln zu Ende garen.

PIZZA BRÖTCHEN

Portionen: 2Zubereitung: 10 minGesamtzeit: 30 min

Kcal: 315Eiweiß: 18,5gFett: 11gKohlenhydrate: 30g

Zutaten:

2 Aufbackbrötchen 100g Tomatensauce Getrocknete Kräuter

50g geriebenen Mozzarella 100g Schinken (gewürfelt)

½ Zwiebel

½ Paprika

Zubereitung:

1. Schneide als erstes die Paprika und die Zwiebel in Würfel.

2. Vermenge die Tomatensauce nach Belieben mit getrockneten Kräutern, schneide die Brötchen

auf und gib dann die Tomatensauce auf die vier Brötchenhälften.

3. Nun kannst du die Paprika-, Schinken und Zwiebelwürfel auf die Brötchen geben und anschließend den Käse drüberstreuen.

4. Die Brötchen kommen nun bei 200°C Ober/Unterhitze für 20 Minuten in den Ofen.

MEDITERRANE REISPFANNE

Portionen: 4Zubereitung: 10 minGesamtzeit: 40 min

Kcal: 660Eiweiß: 17gFett: 2,5gKohlenhydrate: 135g

Zutaten:

2 EL Tomatenmark

1 Bund Rosmarin

1 Bund Thymian

1. Zwiebel

2. Paprikaschoten

1 Zucchini 300g Reis

100g Kirschtomaten Salz, Pfeffer Italienische Kräuter

Zubereitung:

1. Schneide die Zwiebel in Würfel und hacke den Rosmarin und den Thymian fein.

2. Brate die Zwiebeln zusammen mit den Gewürzen und dem Tomatenmark in einem großen Topf an.

3. Lösche das Ganze mit etwa 600ml Wasser ab und gebe den gewaschenen Reis hinzu. Mit geschlossenem Deckel den Reis etwa 10 Minuten garen.

4. Schneide derweil die Paprika und die Zucchini in Würfel und halbiere die Tomaten.

5. Gibt etwas Öl in eine Pfanne und brate das Gemüse an. Würze das Gemüse mit Salz, Pfeffer und italienischen Kräutern.

6. Vermenge nun das Gemüse mit dem Reis und schmecke mit Salz und Pfeffer ab.

SALBEI GNOCCHI

Portionen: 2Zubereitung: 10 minGesamtzeit: 10 min

Kcal: 786Eiweiß: 25,5gFett: 42,5gKohlenhydrate: 81,5g

Zutaten:

500g Gnocchi (fertig) 3El Butter

150ml Milch

1 Hand voll Salbeiblätter 75g Parmesan

Zubereitung:

1. Koche als erstes die Gnocchi nach Packungsanleitung.

2. In der Zwischenzeit kannst du die Butter in einer
   Pfanne erhitzen und den Salbei darin für einige
   Minuten braten und ihn dann herausnehmen.

3. Gib nun geriebenen Parmesan und die Milch
   hinzu und rühre das Ganze zu einer cremigen
   Sauce um.

4. Nachdem die Gnocchi fertig gegart sind, kannst
   du sie noch kurz mit in die Pfanne geben.

5. Die Gnocchi dann mit den Salbeiblättern
   servieren.

GERÖSTETE TOMATENSUPPE

Portionen: 4Zubereitung: 10 minGesamtzeit: 40 min

Kcal: 193Eiweiß: 6,5gFett: 15gKohlenhydrate: 7,75g

Zutaten:

500g Cherrytomaten 1 große Zwiebel

1. Knoblauchknolle Etwas Chili

2. Zweige Rosmarin

2 Zweige Thymian Olivenöl

200ml Gemüsebrühe 50ml Milch

1EL Butter

1 Hand voll geriebenen Parmesan

Zubereitung:

1. Schneide als erstes die Zwiebel in grobe Stücke und schneide dann das Obere der Knoblauchknolle auf, sodass man alle Zehen sehen kann.

2. Gib die Tomaten nun mit den Zwiebelstücken, der Knoblauchknolle, den frischen Kräutern, etwas Chili und einem gutem Schuss Olivenöl in eine Auflaufform. Schmecke das Ganze noch mit Salz und Pfeffer ab.

3. Die Auflaufform kommt nun bei 220°C Ober/Unterhitze für 30 Minuten in den Ofen.

4. Nach dem Garen gibst du den gesamten Inhalt mit den restlichen Zutaten in einen Topf und pürierst das Ganze mit einem Stabmixer.

5. Die Suppe kannst du mit etwas Olivenöl und

6. frischem Basilikum servieren

PAPRIKA SUPPE

Portionen: 4Zubereitung: 10 minGesamtzeit: 20 min

Kcal: 165Eiweiß: 3,25gFett: 12,25gKohlenhydrate: 11g

Zutaten:

3 Paprikas

2 Knoblauchzehen

1 Zwiebel

4 Zweige Thymian

1 Zweig Rosmarin 100ml Sahne

500ml Gemüsebrühe 2EL Tomatenmark Olivenöl

Gewürze: Paprikapulver (rosenscharf), Salz und Pfeffer

Zubereitung:

1. Schneide als erstes die Paprika und die Zwiebel in Würfel.

2. Brate nun die Zwiebeln und den gehackten Knoblauch für circa 2/3 Minuten in der Pfanne an und gib dann die Paprika für 3 weitere Minuten dazu.

3. Tomatenmark dazugeben und kurz mit anrösten.

4. Gib nun die Brühe und die frischen Kräuter dazu und lass das Ganze mit geschlossenem Deckel bei niedriger Temperatur für circa 20-25 Minuten köcheln.

5. Schmecke nun mit den Gewürzen ab, gib die Sahne dazu und püriere das Ganze zu einer cremigen Suppe.

ORIENTALISCHE LINSENSUPPE

Portionen: 4Zubereitung: 10 minGesamtzeit: 40 min

Kcal: 175Eiweiß: 8,25gFett: 6,75gKohlenhydrate: 20,25g

Zutaten:

100g rote Linsen 1 Zwiebel

3 Möhren

1EL Tomatenmark Paprikapulver

500ml Gemüsebrühe 2EL Schmand Optional: 1EL Butter

Zubereitung:

1. Schneide als erstes die Zwiebel und die Karotten in Würfel und brate diese dann an, bis die Zwiebeln Farbe bekommen.

2. Nach einigen Minuten kannst du das Tomatenmark dazu geben und weiter 1-2 Minuten mitbraten.

3. Dann gibst du Gemüsebrühe und Linsen dazu und lässt das Ganze mit geschlossenem Deckel bei niedriger Temperatur für circa 30 Minuten köcheln.

4. Jetzt kannst du mit Salz, Pfeffer und Paprikapulver abschmecken.

5. Gib nun die Butter und den Schmand dazu und

püriere das Ganze mit einem Pürierstab.

OFEN PASTA

Portionen: 2Zubereitung: 10 minGesamtzeit: 40 min

Kcal: 565Eiweiß: 23gFett: 37gKohlenhydrate: 33.5g

Zutaten:

250g Spaghetti

1 Knoblauchzehe

1 EL Tomatenmark 200g Schafskäse

1 Handvoll Blattspinat

1 Handvoll Cherrytomaten 500ml Wasser

3 EL Olivenöl

Zubereitung:

1. Heize zunächst den Backofen auf 180 Grad vor.

2. Gib die Nudeln in eine Auflaufform und platziere den Schafskäse in der Mitte der Form.

3. Gib den gehackten Knoblauch, Tomatenmark, Spinat und die Cherrytomaten ebenfalls in die

Auflaufform.

4. Verteile nun das Olivenöl über den Nudeln und schütte das Ganze mit Wasser auf.

5. Würze mit Salz und Pfeffer und gebe die Pasta für etwa 30 Minuten in den Backofen.

6. Nach dem Backen werden alle Zutaten gut miteinander vermengt und noch einmal mit Salz und Pfeffer abgeschmeckt.

LASAGNE SUPPE

Portionen: 4Zubereitung: 30 min

Gesamtzeit: 30 min

Kcal: 283Eiweiß: 64,5gFett: 17,5gKohlenhydrate: 45,5g

Zutaten:

5 Lasagneplatten 500g Rinderhack 1 Zwiebel

600ml Gemüsebrühe 800g Dosentomaten 1 Knoblauchzehe

3 EL Tomatenmark 1 EL Creme Fraiche

Salz, Pfeffer, Paprikapulver

Zubereitung:

1. Brate das Hackfleisch zunächst scharf an.

2. Schneide die Zwiebel in Würfel und hacke den Knoblauch fein und dünste sie mit dem Hackfleisch leicht an.

3. Gib nun die Brühe, Dosentomaten und Tomatenmark hinzu.

4. Breche die Lasagneplatten und gib sie für etwa 10 Minuten in die Suppe.

5. Schmecke die Suppe mit Salz, Pfeffer und Paprikapulver ab.

6. Nun kannst du die Suppe servieren und noch etwas Creme Fraiche hinzugeben.

Kapitel 5

HÄHNCHEN REISPFANNE

Portionen: 4Zubereitung: 30 minGesamtzeit: 30 min

Kcal: 275Eiweiß: 33,25gFett: 7,75gKohlenhydrate: 19,5g

Zutaten:

2 rote Paprika

500g Hähnchenbrust 2 Gemüsezwiebeln

1. Stange Lauch 200g Reis

2. EL Olivenöl

400ml Gemüsebrühe

Salz, Pfeffer, Paprikapulver

Zubereitung:

1. Schneide die Hähnchenbrust in Streifen und Würfel die Zwiebeln in grobe Stücke.

2. Mariniere das Fleisch mit Olivenöl, Paprikapulver, Salz und Pfeffer und lasse es kurz ziehen.

3. Koche den Reis in der Gemüsebrühe und gib etwas Paprikapulver hinzu.

4. Schneide die Paprika in grobe Würfel und den Lauch in feine Ringe.

5. Nun wird das Fleisch scharf angebraten. Anschließend gibst du die Zwiebeln, Lauch und Paprika hinzu und dünstest alles etwa 10 Minuten an.

6. Gib zum Schluss den gekochten Reis hinzu und vermenge alles miteinander.

7. Mit Salz, Pfeffer und Paprikapulver würzen.

OFEN GEMÜSE

Portionen: 2Zubereitung: 10 minGesamtzeit: 40 min

Kcal: 202Eiweiß: 6gFett: 8gKohlenhydrate: 24g

Zutaten:

1 Handvoll Spargel (grün) 1 Süßkartoffel

1 Möhre

1 Zucchini

1 Spitzpaprika

1. EL Olivenöl Paprikapulver Chilipulver Salz, Pfeffer

Zubereitung:

1. Heize zunächst den Backofen auf 180 Grad vor.

2. Schneide die Möhren in etwa 1 cm dicke Streifen.

3. Schäle die Süßkartoffel und schneide sie in Scheiben.

4. Wasche die Zucchini und den Spargel und schneide beides in Scheiben.

5. Wasche nun die Paprika und schneide sie in Ringe.

6. Vermenge das Olivenöl mit Salz, Pfeffer, Paprikapulver und Chilipulver und mariniere das Gemüse.

7. Gib das Gemüse in eine Auflaufform und lasse es etwa 15 Minuten backen.

SCHNELLE MANTI

Portionen: 4Zubereitung: 20 minGesamtzeit: 20 min

Kcal: 959Eiweiß: 45gFett: 40gKohlenhydrate: 102g

Zutaten:

500g Nudeln

50ml Gemüsebrühe 3 EL Olivenöl

600g Rinderhack

1. Gemüsezwiebeln 300g Creme Fraiche 30g Tomatenmark Salz, Pfeffer

Zubereitung:

1. Koche die Nudeln in Salzwasser.

2. Brate das Hackfleisch scharf mit Salz und Pfeffer an.

3. Lösche das Ganz mit der Gemüsebrühe ab und lasse sie verkochen.

4. Vermenge das Fleisch nun mit den abgeschreck-

ten Nudeln und gib die gewürfelten Zwiebeln hinzu.

5. Vermenge das Olivenöl mit Salz, Pfeffer und To-matenmark.

6. Gib zum Schluss Creme Fraiche über die Nudeln und das Fleisch und garniere das Ganze mit der Tomatenmarkmischung.

ONE POT PASTA

Portionen: 3Zubereitung: 20 minGesamtzeit: 20 min

Kcal: 890Eiweiß: 27,67gFett: 47gKohlenhydrate: 87,5g

Zutaten:

300g Nudeln 2 Zwiebeln

200g Blattspinat 1 Knoblauchzehe

1 EL Tomatenmark 200ml Sahne 200g Frischkäse 100g Parmesan

Salz, Pfeffer, Paprikapulver

Zubereitung:

1. Koche die Nudeln in Salzwasser.

2. Röste die gewürfelten Zwiebeln in etwas Öl an und reibe den Knoblauch hinein und gib das Tomatenmark hinzu.

3. Lösche das Ganze mit etwa 200ml Nudelwasser ab und gib den Frischkäse und die Sahne hinzu.

4. Reibe den Parmesan hinein und gib den Blattspinat hinzu.

5. Lasse das Ganze noch etwa 5 Minuten köcheln und gib zum Schluss die Nudeln hinzu.

6. Zum Schluss alle Zutaten gut miteinander vermengt und mit Salz und Pfeffer abgeschmeckt.

KARTOFFEL-KÜRBIS SUPPE

Portionen: 4Zubereitung: 10 minGesamtzeit: 40 min

Kcal: 202Eiweiß: 5gFett: 1,25gKohlenhydrate: 42g

Zutaten:

1 Hokkaido-Kürbis

4 Knoblauchzehen 500ml Wasser

2 Süßkartoffeln

2 Zwiebeln Muskat Kurkuma Salz, Pfeffer

Zubereitung:

1. Wasche den Kürbis und schneide ihn in grobe Stücke.

2. Schäle die Süßkartoffeln und schneide auch diese in grobe Stücke.

3. Schäle auch die Zwiebeln und den Knoblauch und hacke beides fein.

4. Gib alles in einen Topf und brate das Gemüse etwa 5 Minuten an.

5. Lösche das Ganze mit Wasser ab und lasse es etwa 20 Minuten köcheln, bis die Kartoffeln und der Kürbis weich sind.

6. Mit einem Pürierstab pürieren und anschließend mit Salz, Pfeffer, Muskat und Kurkuma würzen.

GEBRATENER REIS MIT GEMÜSE

Portionen: 2Zubereitung: 30 minGesamtzeit: 30 min

Kcal: 768Eiweiß: 22,5gFett: 16,5gKohlenhydrate: 125g

Zutaten:

200g Chinakohl 300g Reis

2 Möhren

1 Frühlingszwiebel

100g Erbsen (Tiefgekühlt) 2 Eier

1. EL Erdnussöl

2. TL Sesamöl

1 Peperoni

3 EL Sojasauce

1 TL Reisessig

Zubereitung:

1. Koche zunächst den Reis nach Packungsanweisung. Lasse ihn anschließend abkühlen.

2. Wasche den Chinakohl und die Möhren und
schneide sie in Streifen, schneide die Frühlingszwiebel und die Peperoni in feine Ringe.

3. Gib das Erdnussöl in eine Pfanne und brate das
Gemüse leicht an. Nach etwa 5 Minuten nimmt

du das Gemüse aus der Pfanne und stellst es beiseite.

4. Nun gibst du den Reis in die Pfanne und brätst ihn an, bis er knusprig und goldbraun wird.

5. Schlage die Eier auf und verquirle sie. Anschließend gibst du sie zu dem Reis und vermengst Eier und Reis miteinander, bis das Ei stockt.

6. Hebe nun das angebraten Gemüse unter und würze den Reis mit Sesamöl, Sojasauce, Reisessig, Salz und Pfeffer.

SCHUPFNUDELN MIT HACKFLEISCH

Portionen: 2Zubereitung: 20 minGesamtzeit: 20 min

Kcal: 641Eiweiß: 43,5gFett: 23,5gKohlenhydrate: 63,5g

Zutaten:

250g Rinderhack 400g Schupfnudeln 140g Cherrytomaten 4 EL Schmand

50g Gorgonzola Köse 1 EL Pinienkerne

1 EL gehackte Petersilie Salz, Pfeffer

Zubereitung:

1. Brate zunächst das Hackfleisch scharf an und würze es mit Salz und Pfeffer.

2. Gib anschließend die Schupfnudeln hinzu und brate das Ganze 3-5 Minuten, bis die Schupfnudeln leicht angeröstet sind.

3. Halbiere die Cherrytomaten und gib sie ebenfalls in die Pfanne.

4. Röste die Pinienkerne in einer Pfanne an und bröckle derweil den Käse in den Schmand, würze das Ganze mit Salz und Pfeffer und gehackter Petersilie.

5. Gib die Pinienkerne zu den Schupfnudeln und würze das Ganze mit Salz und Pfeffer.

6. Serviere die Schupfnudelpfanne zusammen mit dem frischen Schmand.

RUCOLA-FEIGEN SALAT

Portionen: 4Zubereitung: 15 minGesamtzeit: 15 min

Kcal: 422Eiweiß: 23,75gFett: 31gKohlenhydrate: 11,25g

Zutaten:

100g Parmesankäse 200g Rucola

1. frische Feigen

2. Scheiben Parmaschinken

1 EL Ahornsirup 1/2 Zitrone

4 EL Olivenöl

1 Mozzarella

Zubereitung:

1. Wasche den Rucola, schneide den Mozzarella in Stücke und viertel die Feigen.

2. Reibe den Parmesankäse in dünne Spalten.

3. Gib den Salat, den Mozzarella, den Parmesan und die Feigen in eine Salatschüssel.

4. Vermenge nun das Olivenöl, mit dem Saft der Zitrone und Ahornsirup. Würze das Dressing mit Salz und Pfeffer.

5. Zupfe den Schinken in mundgerechte Stücke und gebe ihn zu dem Salat.

6. Verteile nun das Dressing über dem Salat.

COUSCOUS SALAT

Portionen: 4Zubereitung: 15 minGesamtzeit: 25 min

Kcal: 310Eiweiß: 10,75gFett: 5,25gKohlenhydrate: 51,25g

Zutaten:

250g Couscous

1 EL Tomatenmark 250ml Gemüsebrühe 4 Frühlingszwiebeln

1 EL Sojasauce

4 Tomaten

2 Spitzpaprika

1 EL Currypaste (rot) 1 EL Reisessig

Salz, Pfeffer, Zucker, Kreuzkümmel

Zubereitung:

1. Bereite den Couscous nach Packungsanweisung zu und schütte ihn mit der Gemüsebrühe auf.

2. Schneide die Frühlingszwiebeln in Ringe und die

Tomaten und die Paprika in Würfel.

3. Vermenge Sojasauce, Tomatenmark, Reisessig und Currypaste miteinander und hebe die Sauce unter den erkalteten Couscous.

4. Hacke zum Schluss die Petersilie fein und würze den Couscous Salat mit Salz, Pfeffer, Kreuzkümmel und Petersilie.

THUNFISCH SALAT

Portionen: 4Zubereitung: 15 minGesamtzeit: 15 min

Kcal: 193Eiweiß: 17,25gFett: 2,25gKohlenhydrate: 21,25g

Zutaten:

1 Salatgurke

1. Dose Thunfisch

2. Spitzpaprika

1 Dose Mais 1/2 Zitrone 5 EL Essig

1 TL Zucker

1 EL Senf

1 Dose Kidneybohnen Salz, Pfeffer

Zubereitung:

1. Schneide die Gurke und die Spitzpaprika in Würfel.

2. Schütte den Mais und die Kidneybohnen ab und wasche beides kurz unter kaltem Wasser ab.

3. Hole den Thunfisch aus der Dose und zupfe ihn mit einer Gabel auseinander. Bewahre das Öl für das Dressing auf.

4. Vermenge für das Dressing das Öl, Essig, den Saft der Zitrone, Zucker, Senf, Salz und Pfeffer.

5. Gib nun alle Zutaten zusammen mit dem Dressing in eine Schüssel und vermenge das Ganze.

SPÄTZLE AUFLAUF

Portionen: 4Zubereitung: 25 minGesamtzeit: 40 min

Kcal: 822,5Eiweiß: 46,25gFett: 45gKohlenhydrate: 52,75g

Zutaten:

400g Rinderhack 1 Zwiebel

300ml Gemüsebrühe 150g Pancetta

800g Spätzle 200g Schlagsahne 50g Parmesan 2EL Röstzwiebeln Salz, Pfeffer Thymian gehackt

Zubereitung:

1. Heize den Ofen auf 180 Grad vor.

2. Schneide die Zwiebeln und den Pancetta in Würfel.

3. Gib die Zwiebeln in eine Pfanne und brate sie zusammen mit dem Hackfleisch und dem Pancetta scharf an.

4. Lösche das Ganze mit der Gemüsebrühe ab und würze die Hacksauce mit Salz und Pfeffer.

5. Gib nun das Hackfleisch inklusive Flüssigkeit abwechselnd mit den ungekochten Spätzlen in eine Auflaufform.

6. Gib zum Schluss die Sahne, geriebenen Parmesan und Röstzwiebeln in die Auflaufform.

7. Lasse das Ganze etwa 15 Minuten backen.

KICHERERBSEN CURRY

Portionen: 4Zubereitung: 20 minGesamtzeit: 20 min

Kcal: 426Eiweiß: 22gFett: 22gKohlenhydrate: 28,5g

Zutaten:

1. Dosen Kichererbsen

2. Knoblauchzehen

3. Schalotten

2 EL Currypaste (rot) 1 Dose Tomaten

2 TL Ingwer (frisch gehackt) 200g TK-Erbsen

200g Fetakäse 6 EL Kokosmilch

2 EL Koriander (frisch gehackt)

Zubereitung:

1. Schütte die Kichererbsen ab und spüle sie mit kaltem Wasser ab.

2. Hacke den Knoblauch und die Zwiebeln fein und würfle den Fetakäse.

3. Brate die Zwiebeln, den Knoblauch und den

gehackten Ingwer an und gib nach 4-5 Minuten den Currypaste hinzu.

4. Vermenge das Ganze nun mit den Tomaten, Kichererbsen und den Erbsen. Lasse das Curry nun etwa 5 Minuten köcheln, bevor du die Kokosmilch hinzugibst.

5. Würze das Curry nun mit gehacktem Koriander, Salz und Pfeffer.

6. Brate den Fetakäse in einer separaten Pfanne an und gib ihn zum Schluss auf das fertige Curry.

ÜBERBACKENE GNOCCHI

Portionen: 4Zubereitung: 25 minGesamtzeit: 25 min

Kcal: 586Eiweiß: 17,25gFett: 26,25gKohlenhydrate: 84,25g

Zutaten:

1kg Gnocchi

250ml Schlagsahne 120ml Milch

100g Mozzarella Salz, Pfeffer, Muskat

Zubereitung:

1. Heize den Ofen auf 180 Grad vor.

2. Vermenge die Sahne mit der Milch und würze diese Sauce mit Salz, Pfeffer und Muskat.

3. Gib die Gnocchi in eine Auflaufform und übergieße sie gleichmäßig mit der Sauce.

4. Füge nun den in Scheiben geschnittenen Mozzarella hinzu und verteile ihn auf den Gnocchi.

5. Gib das Ganze nun für etwa 20 Minuten in den Backofen.

Kapitel 6

MINZ PASTA

Portionen: 2Zubereitung: 20 minGesamtzeit: 20 min

Kcal: 782Eiweiß: 21,5gFett: 28gKohlenhydrate: 104g

Zutaten:

250g Pasta

1 Bund Minze 100g Joghurt

60g Cashewkerne 25g Parmesan

1 EL Olivenöl 1/2 Zitrone Salz, Pfeffer

Zubereitung:

1. Koche die Nudeln nach Packungsanweisung.

2. Gib die Cashewkerne in eine Pfanne und röste sie leicht an.

3. Gib nun die Minze, den Joghurt, Parmesankäse, Olivenöl, den Saft der Zitrone und Salz und Pfeffer in einen Mixer und mixe die Zutaten zu einer homogenen Masse.

4. Vermenge nun das Joghurt-Minz-Pesto mit den abgeschütteten Nudeln.

SCHNITZEL IM OFEN

Portionen: 4Zubereitung: 15 minGesamtzeit: 75 min

Kcal: 540Eiweiß: 25,75gFett: 43,25gKohlenhydrate: 9,25g

Zutaten:

400g Schweineschnitzel 50g Schinkenspeck

4 Zwiebeln

2 EL Senf 500ml Sahne

Zubereitung:

1. Kopfe zunächst die Schinzel flach, sodass sie circa einen halben Centimeter dick sind.

2. Schneide anschließend die Zwiebeln in feine Ringe und heize den Ofen auf 200 Grad vor.

3. Lösche das Ganze mit der Gemüsebrühe ab und lasse sie verkochen.

4. Bestreiche die Schnitzel mit dem Senf und würze sie mit Salz und Pfeffer. Gib sie anschließend in eine Auflaufform.

5. Barte den Schinkenspeck kurz in einer Pfanne an und gib ihn zusammen mit den Zwiebelringen auf die Schnitzel.

6. Fülle die Auflaufform nun mit der Sahne auf und gib die Schnitzel für etwa 1 Stunde in den Ofen.

WÜRZIGE WÜRSTCHEN

Portionen: 4Zubereitung: 20 minGesamtzeit: 20 min

Kcal: 346Eiweiß: 11,5gFett: 25,25gKohlenhydrate: 13,5g

Zutaten:

1. EL Tomatenmark

2. EL Zucker

2 Zwiebeln

70ml weißer Essig 1 Dose Tomaten

400g Wiener Würstchen Salz, Pfeffer, Paprikapulver

Zubereitung:

1. Schneide zunächst die Zwiebeln in kleine Würfel und düste sie in einer Pfanne an.

2. Gib nach 2-3 Minuten etwas Zucker hinzu und lasse die Zwiebel karamellisieren.

3. Gib anschließend das Tomatenmark hinzu und lösche das Ganze mit dem Essig ab.

4. Lasse die Sauce nun kurz aufkochen und gib die Tomaten hinzu.

5. Würze mit Salz, Pfeffer und Paprikapulver und lasse die Sauce so lange köcheln, bis sie eindickt.

6. Brate derweil die Würstchen knusprig an und gib die geschnittenen Würstchen anschließend in die würzige Sauce.

LACHSPASTA

Portionen: 2Zubereitung: 20 minGesamtzeit: 20 min

Kcal: 826Eiweiß: 28gFett: 44gKohlenhydrate: 77,5g

Zutaten:

400g Nudeln 400g Lachsfilet 1 Zitrone 300ml Sahne

1 Knoblauchzehe

Salz, Pfeffer, Paprikapulver

Zubereitung:

1. Koche die Nudeln nach Packungsanweisung.

2. Brate den Lachs zunächst scharf in einer Pfanne an und lasse ihn dann bei schwacher Hitze noch 5-10 Minuten durchziehen.

3. Zupfe das fertige Lachsfilet vorsichtig in mundgerechte Stücke.

4. Gib nun die Sahne hinzu und lasse das Ganze kurz aufkochen.

5. Würze die Sauce mit Salz, Pfeffer, Paprikapulver, Zitronensaft und gehacktem Knoblauch.

6. Gib zum Schluss die fertigen Nudeln hinzu. Ist die

Sauce zu flüssig kannst du sie durch die Zugabe von etwas Nudelwasser abbinden.

OFENLACHS

Portionen: 2Zubereitung: 15 minGesamtzeit: 45 min

Kcal: 347Eiweiß: 19gFett: 28,25gKohlenhydrate: 3,25g

Zutaten:

400g Lachsfilet 4 EL Olivenöl

3 Knoblauchzehen

1 EL Ahornsirup

1 Zitrone

1 EL Thymian (frisch) Salz, Pfeffer

Zubereitung:

1. Heize zunächst den Backofen auf 180 Grad vor.

2. Fette die Form mit etwas Olivenöl ein und gib die Filets hinein.

3. Schneide die eine Hälfte der Zitrone in Scheiben und platziere sie ebenfalls in der Auflaufform.

4. Schäle nun den Knoblauch, zerdrücke ihn mit einem Messer und gib ihn zusammen mit dem Thymian zu dem Fisch.

5. Vermenge etwas Olivenöl, mit dem Saft einer halben Zitrone, Ahornsirup, Salz und Pfeffer.

6. Verteile zum Schluss das Dressing über den Lachs und gibt ihn für etwa 20 Minuten in den Ofen.

NUSSKUCHEN

Portionen: 8Zubereitung: 30 minGesamtzeit: 1h

Kcal: 621Eiweiß: 11,25gFett: 40gKohlenhydrate: 52g

Zutaten:

200g Zucker

1 Packung Vanillezucker 180ml Speiseöl

4 Eier

250g Weizenmehl

1 Packung. Backpulver

1 Prise Salz

200g gemahlene Haselnüsse 125ml Milch

Zubereitung:

1. Heize den Ofen auf 180 Grad vor.

2. Verquirle das Öl mit dem Zucker und dem Vanillezucker.

3. Trenne die Eier und rühre das Eigelb unter die Zuckermischung.

4. Vermenge nun das Mehl, Backpulver und das Salz und hebe das Ganze unter die flüssigen Zu- taten.

5. Hebe nun die Haselnüsse unter und gebe die Milch hinzu.

6. Schlage das beiseitegestellte Eiweiß steif und hebe es vorsichtig unter den Teig.

7. Gib den Teig in eine eingefettete Kastenform und lasse den Kuchen etwa 50 Minuten backen.

MOUSSE AU CHOCOLAT

Portionen: 4Zubereitung: 10 minGesamtzeit: 20 min

Kcal: 481 Eiweiß: 11gFett: 35,5gKohlenhydrate: 27g

Zutaten:

4 Eier

200g Zartbitterschokolade 1 Prise Salz

200ml Sahne

Zubereitung:

1. Trenne die Eier und gebe das Eigelb und das Eiweiß in separate Schüsseln.

2. Gib eine Prise Salz in das Eiweiß und schlage das Eiweiß steif.

3. Schlage in einer separaten Schüssel die Sahne steif.

4. Zerbrich die Zartbitterschokolade und schmelze sie in einem Wasserbad.

5. Schlage nun das Eigelb auf und gib die lauwarme Schokolade hinein.

6. Hebe die Sahne unter die Schokolade und hebe das geschlagene Eiweiß vorsichtig unter.

7. Fülle das Mousse in kleine Gläser und lasse es 2 Stunden im Kühlschrank abkühlen.

ERDBEER KOKOS DESSERT

Portionen: 4Zubereitung: 10 minGesamtzeit: 70 min

Kcal: 230Eiweiß: 3,5gFett: 20,5gKohlenhydrate: 7,5g

Zutaten:

60g Süßwaren mit Kokosmandelfüllung 150g Frischkäse

30g Erdbeeren 1 EL Zucker 60ml Sahne

Zubereitung:

1. Zerkleinere zunächst die Süßwaren und gebe sie zusammen mit dem Frischkäse in einen Mixer.

   1. Schlage die Sahne zusammen mit dem Zucker steif.

   2. Hebe nun die Sahne unter die Frischkäse-Masse.

   3. Fülle die fertige Creme nun abwechselnd mit den geschnittenen und gewaschenen Erdbeeren in kleine Gläser.

   4. Lasse das Dessert vor dem servieren mindestens

1 Stunde im Kühlschrank abkühlen.

APPLECRUMBLE

Portionen: 6Zubereitung: 10 minGesamtzeit: 35 min

Kcal: 440Eiweiß: 3,2gFett: 28,5gKohlenhydrate: 44,33g

Zutaten:

4 Äpfel

1. Zitrone

2. TL Zimt 100g Mehl 60g Zucker 200g Butter 1 Prise Salz

40g Haferflocken

1. EL Agavendicksaft

Zubereitung:

1. Schäle die Äpfel zu schneide sie in dünne Spalten.

2. Gib die Äpfel in eine Schüssel und vermenge sie mit Zitronensaft und Zimt.

3. Gib das Mehl, den Zucker und die Butter in eine Schüssel und verknete das Ganze zu lockeren Streuseln.

4. Hebe die Haferflocken unter die Streusel.

5. Verteile nun den Agavendicksaft über den Apfelspalten und verteile die Streusel in der Form.

6. Lasse das Ganze nun für etwa 25 Minuten backen.

Kapitel 7

S CHOKO-WALDBEER DESSERT

Portionen: 6Zubereitung: 15 minGesamtzeit: 40 min

Kcal: 500Eiweiß: 8gFett: 27gKohlenhydrate: 55,33g

Zutaten:

250g Mascarpone 250g Quark

1 Waldbeeren (TK) 200g Zucker

1 Packung Vanillezucker 200g Zartbitterschokolade

½ Zitrone

Zubereitung:

1. Vermenge die Mascarpone mit dem Quark.

2. Schmelze die Schokolade in einem Wasserbad und hebe sie zusammen mit dem Vanillezucker unter die Quark-Mascarpone Mischung.

3. Gib die Beeren in einen Topf und koche sie zusammen mit dem Zucker und dem Saft der Zitrone auf. Lasse das Ganze so lange weiter köcheln, bis es eine dickflüssige Konsistenz erreicht.

4. Lasse die Beeren anschließend gut auskühlen.

5. Sind die Beeren abgekühlt kannst du sie abwechselnd mit der Schokomasse in kleinen Gläschen schichten.

SCHNELLES TIRAMISU

Portionen: 4Zubereitung: 10 minGesamtzeit: 40 min

Kcal: 381Eiweiß: 5,75gFett: 24,75gKohlenhydrate: 33,75g

Zutaten:

70ml Espresso 200g Mascarpone 100g Löffelbiskuit 50ml Sahne

50g Zucker

1 EL Kakaopulver

1. Eigelb

Zubereitung:

1. Zerbrösele zunächst die Löffelbiskuits und verteile etwa die Hälfte der Brösel in 4 Gläsern.

2. Beträufle den Biskuitboden anschließend mit etwa 35ml Espresso.

3. Vermenge die Mascarpone nun mit dem Eigelb und dem Zucker.

4. Verteile die Hälfte der Mascarponecreme in den Gläsern und gebe die restlichen Biskuitbrösel obendrauf.

5. Beträufle diese Biskuitbrösel nun mit dem restlichen Espresso und verteile obendrauf die andere Hälfte der Mascarponecreme.

6. Verziere jedes Glas nun noch mit etwas Kakaopulver.

SÜSSE BANANE

Portionen: 2Zubereitung: 10 minGesamtzeit: 10 min

Kcal: 286Eiweiß: 2,5gFett: 12gKohlenhydrate: 38,5g

Zutaten:

1. Bananen

1 EL Butter

1. EL Ahornsirup

2. TL Mandelsplitter

Zubereitung:

1. Schäle und halbiere die Bananen.

2. Lasse die Butter in einer Pfanne schmelzen und gebe die Bananen mit der Schnittseite nach unten in die Pfanne.

3. Beträufle die Bananen nun mit dem Ahornsirup und lasse sie in der Pfanne karamellisieren.

4. Wende die Bananen nach etwa 1-2 Minuten und brate sie goldbraun von beiden Seiten.

5. Nimm die Bananen nach etwa 7-8 Minuten aus der Pfanne und garniere sie mit den Mandelsplittern.

6. Tipp: mit Vanilleeis servieren

WEIHNACHTLICHE MANDARINEN CREME

Portionen: 4Zubereitung: 10 minGesamtzeit: 40 min

Kcal: 362Eiweiß: 8,25gFett: 22,25gKohlenhydrate: 29,5g

Zutaten:

1 Dose Mandarinen 300g Frischkäse 300g Joghurt

5 Spekulatiuskekse

3 EL Zucker

Zubereitung:

1. Brösele zunächst die Kekse klein und lasse die Mandarinen abtropfen.

2. Vermenge die Mandarinen mit dem Frischkäse und dem Joghurt und rühre den Zucker unter.

3. Gib zunächst eine Schicht der Kekse in ein Dessertglas, gefolgt von der Mandarinencreme. Schichte beide Komponenten abwechselnd, bis die Gläser gefüllt sind.

4. Stelle das Dessert anschließend für etwa eine

Stunde kalt.

KAISER SCHMARRN

Portionen: 4Zubereitung: 15 minGesamtzeit: 45 min

Kcal: 402Eiweiß: 12.75gFett: 17gKohlenhydrate: 45,5g

Zutaten:

1 Packung Vanillezucker 375ml Milch

30g Rosinen 2 EL Rum 30g Zucker 125g Mehl 40g Butter Puderzucker 4 Eier

Zubereitung:

1. Gib die Rosinen in den Rum und lege sie für etwa 30 Minuten ein.

2. Vermenge das Eigelb mit dem Zucker und dem Vanillezucker und schlage das Ganze schaumig.

3. Gib nach und nach die Milch dazu und verrühre alles zu einem glatten Teig.

4. Schlage das Eiweiß steif und hebe es vorsichtig zusammen mit den Rosinen unter den Teig.

5. Gib den Teig nun in eine Pfanne mit Butter und

brate ihn an und zerreiße ihn in mundgerechte Stücke.

6. Nun kannst du den Kaiserschmarrn anrichten und mit Puderzucker servieren.

BANANEN KUCHEN

Portionen: 8Zubereitung: 10 minGesamtzeit: 25 min

Kcal: 604Eiweiß: 8,5gFett: 29gKohlenhydrate: 75,4g

Zutaten:

4 Bananen 250g Butter 250g Zucker 4 Eier

1 Packung Backpulver 350g Mehl

Zubereitung:

1. Heize zunächst den Backofen auf 200 Grad vor.

2. Rühre nun die Butter, die Eier und den Zucker schaumig.

3. Schäle die Bananen und zerdrücke sie mit einer Gabel.

4. Hebe nun die Bananen, das Mehl und das Back- pulver unter die Butter-Ei-Masse und verrühre

das Ganze zu einem glatten Teig.

5. Gib den Teig auf ein eingefettetes Backblech und lass das ganze etwa 15 Minuten backen.

BUNTER SMOOTHIE

Portionen: 2Zubereitung: 5 min Gesamtzeit:

10 min

Kcal: 172Eiweiß: 2,5gFett: 0,5gKohlenhydrate: 36g

Zutaten:

150g Ananas

1 Handvoll Erdbeeren 1/2 Banane

200ml Orangensaft

Zubereitung:

1. Schneide die Ananas, die Banane und die Erdbeeren in grobe Stücke.

2. Gib anschließend alle Zutaten zusammen mit dem Orangensaft in einen Mixer und mixe alles, bis es eine homogene Masse wird.

3. Stelle den Smoothie anschließend optimaler-

weise noch 10-15 Minuten kalt.

GRÜNER SMOOTHIE

Portionen: 2Zubereitung: 5 min Gesamtzeit:

10 min

Kcal: 242Eiweiß: 3,5gFett: 1gKohlenhydrate: 48.5g

Zutaten:

1 Banane

1 Mango 200ml Apfelsaft

1 Handvoll Blattspinat

1 Kiwi

Zubereitung:

1. Schneide die Mango, die Banane und die Kiwi in grobe Stücke.

2. Schache den Spinat.

3. Gib nun alle Zutaten in den Mixer und mixe sie zu einer homogenen Masse.

4. Stelle den Smoothie anschließend optimaler-

weise für eine Weile kalt.

Milton Keynes UK
Ingram Content Group UK Ltd.
UKHW020732291223
435170UK00014B/610